RiSKiER DeN ToD

zerrissen

Wohin bist du
Gegangen
Verlaufen tief im
Wald
Im Unterholz
Gefangen
Da wirst du nicht
Sehr alt

angst & panik

texte

PiT VOGT von

Riskier den Tod
Dann gibts das Leben
Doch wirst du niemals
Fühlen mehr
Du bist doch Mensch
Du kannst doch geben
Doch geben wirst du dann
Nie mehr

Idee, Texte & Layout: Pit Vogt

Texte – frei erfunden

Impressum

Herstellung und Verlag: BoD – Books on
Demand, Norderstedt
ISBN: 9783754335031

5 *Inhaltsangaben*

Das, was mir bleibt
(Euer Licht)

Für meine Eltern
Verlesen bei der Bestattung meiner Eltern

Das, was mir bleibt, ist Euer Licht
Und eine Hoffnung,
Tief in mir
Erinnerung im Angesicht
Und Mama sagt: *Komm, weine nicht*
Doch wein' ich still am Grabe hier

Das, was mir bleibt, ist Euer Wort
Ist Euer Lachen,
Mamas Traum
An diesem furchtbar kalten Ort
Seid ihr so nah
Und doch weit fort
Verfängt sich mancher Wunsch im Baum

Du, Mama kamst aus Schlesien her
Mit einem Leiterwagen nur
Du hast gekämpft
Oft war es schwer
Doch niemals blieb der Teller leer
Du triebst sie an die Lebensuhr

Mir fehlt jetzt deine schützend' Hand
Dein Lachen auch
Dein lieber Gruß
So einsam ists mir jetzt im Land
Nimm mich noch einmal an die Hand
Wir fliehen vor dem letzten Schluss

Und Papa aus dem Ungarnland
Vertrieben auch
Kamst Du hierher
Als Lehrer warst Du gut,
Bekannt
Und wenn manch` Luftschloss mal aus Sand
Dann sagtest Du:
Nehms nicht so schwer

Ihr beide gabt mir Halt und Kraft
Und Euren Segen
Euer Licht
Ihr seid am Ziel
Ihr habt´s geschafft
Ich denk an Euch
Bei Tag
Und Nacht
Das, was mir bleibt,
Ist Euer Licht

Ein leises Wort
Von Dir
Von mir
Ein stiller Blick
Zu Dir
Zu mir
Ich seh Dein Lächeln
Dein Gesicht
Seh Deine Tränen auch
Im Licht
Hör Deine Stimme
Sanft und klar
Du rufst nach mir
Wies immer war
Bist für mich da
In aller Zeit
Nein, nie wards mir zu Dir
Zu weit
Der Sturm heult draußen
Plötzlich auf
Was heißt das nur
Ich komm nicht drauf

Du hast Dich plötzlich aufgemacht
Und es war gestern
In der Nacht

(ohne Titel)

Es ist das Unbekannte
Das, was dich trägt
Ist nicht das Leben
Es ist die Angst
Die Panik auch
Manchmal
Nicht immer
Du kennst es nicht
Es ist nicht greifbar
Du weißt es nicht
Es ist nicht schön
Du kannst es kaum ertragen
Da sind so viele ungefragten
Fragen
Und so viele Tränen
Ungeweint
Geweint an jenem Tage
So vieles ist jetzt klar
So klar
Und doch
Nicht klar genug
Du kennst ihn nicht
Du siehst ihn doch
Er ist vor dir
Du kannst ihn greifen
Doch ist er unsichtbar
Für jeden
Für dich
Der Tod

(Tod – Betrachtung)

Schuld

Das wiegt so schwer in deinem Kopf
Die Frage: Hab ich´s falsch gemacht
Bin ich vielleicht ein dummer Tropf
Die Schuld wiegt schwer in meinem Kopf
Ich hab mir das nicht ausgedacht

Du machst so vieles falsch,
Verkehrt
Doch wie ists richtig
Sag mir,
Wie
Du bist zu oft zu unbeschwert
Dann bist du stur,
So unbelehrt
Du glaubst, du schaffst das Leben nie

Es geht bergab
Und kaum bergauf
Du hörst versteckte Schrei nicht
Dies Leben scheint ein Hürdenlauf
Du kneifst zu oft
Und scheißt darauf
Und nirgendwo zeigt sich ein Licht

Du fühlst die Schuld
Ganz tief in dir
Du fragst dich ständig:
Ist das so?
Du bist doch gar kein wildes Tier
Du willst doch helfen
Jetzt und hier
Doch bist du nur noch schwer,
Nicht froh

Die Schuld wiegt ein schwerer Stein
Presst Tränen aus dem Seelenschutt
Du fühlst dich schwach und sehr allein
Du fühlst dich dumm und winzig klein
Nein, irgendwie ist gar nichts gut

Was ist das nur, das in dir bohrt
Ist das Versagen
Ist das Schuld
Egal, an welchem Weltenort
Es geht nicht weg
Es geht nicht fort
Dir fehlts an Einsicht und
Geduld

Es wiegt nur schwer in Kopf und Leib
Vernebelt dir die Zuversicht
Wie lange dies Gefühl dir bleibt
Entscheidet nur die Zeit,
Die Zeit
Du musst es finden,
Dein Gesicht

Schwelle

Du schaust dich um
Du bist allein
Keiner mehr da, der dir noch hilft
Allein
Du fühlst dich krank und dumm
Und hängst im Zimmer hilflos rum
Keiner mehr da, der dir was sagt
Keiner, der dich will
Und etwas wagt
Es ist so still um dich herum

Da stehst du nun
Von aller Welt verlassen
Alleingelassen und einsam auch
Mit einem knurrenden Bauch
Und alles ist schief und krumm
Du fühlst dich nur krank und dumm
Und stehst allein im Zimmer nur herum
Du wolltest nichts verpassen
Und wurdest doch allein gelassen
Und stehst schon mächtig auf dem Schlauch

Zu wenig Platz für dich allein
Alles zu eng und nirgends ein Halt
Alles zu tot und nirgends ein Platz
Um dich herum eine Mauer aus blauem Stein
Und keiner ist noch da, der dir was sagt
Der dir was rät
Und alles ist so schräg
Asche und Rauch und dunkle Wolken
Du spürst, dass dir nichts mehr bleibt
Als nur dies bisschen Seligkeit
In jener trüben Stadt der letzten Traurigkeit

Dein Kopf verbrennt in jener Atemnot
Dein Leben ist verschwunden im Nichts
Und nirgends ein Stück deines Gesichts
Keiner mehr da, der dir noch hilft
Keiner mehr da, der dir streicht übers Haar
Keiner mehr da, der dich tröstet in der Nacht
Keiner mehr da, der mit dir lacht
Das ist dir schon lang gestorben
Und du bist ein trister Geist geworden
Und dich zieht es stetig nun nach Norden
Du bist ein völlig anderer geworden

Du schaust dich um
Du bist allein
Keiner mehr da, der nach dir ruft
Du fühlst dich sinnlos und schwach
Du kannst nicht mehr stark sein
Unterm allzu morschen Dach
Dir fehlt die Hoffnung und zum Atmen die Luft
Was soll nur werden, wenn nichts mehr ist
Was soll nur sein, wenn du nichts mehr bist
Wo geht's noch hin, wenn alles zerbricht
Was ist dieses Sein so ganz ohne Leben und Licht

Nackt

Unbekleidet stehst du da
Vor dem Spiegel deines Lebens
Nichts ist mehr, wie es mal war
Alles, was du hoffst, scheint dir vergebens
Hier am steilen Abgrund deines Lebens
Und du suchst nach einem neuen Halt

Doch
Du bist nackt
Du hast es nicht gepackt
Du bist nackt
Irgendwo versackt
Nichts mehr im Takt
Und du bist nackt

Alleingelassen fühlst du dich
Hier am Abgrund deines Lebens
Alle ließen dich total im Stich
Alles, was du warst, scheint lange vergebens
In jener der Hölle deines Lebens
Deine Träume nagen fürchterlich

Doch
Du bist nackt
Du hast es nicht gepackt
Du bist nackt
Irgendwie versackt
Nichts mehr im Takt
Du bist nur nackt

Dunkelheit um dich herum
Wabert durch deine kranke Seele
Du bist atemlos und stumm
Alles, was du wolltest, nur noch vergebens
Hier am Ende deines wilden Lebens
Alle Wege scheinen schief und krumm

Denn
Du bist nackt
Du hast es nicht gepackt
Du bist nackt
Irgendwann versackt
Nichts mehr im Takt
Denn du bist nackt

Ist noch Hoffnung in dir drin
Wenn die letzten Träume sterben
Macht das Leben doch noch Sinn
Ist alles, was bleibt, wirklich vergebens
Hier an der Kreuzung deines Lebens
Wo treibts dich letztendlich hin

Noch
Bist du nackt
Noch hast du's nicht gepackt
Du bist nackt
Noch immer versackt
Noch nichts im Takt
Bleibst du so nackt
?

Angst

Ich habe Angst
Angst davor, wie es wohl für mich weitergeht
Angst, ob sich die Erde für mich weiterdreht
Angst vor dem bitteren Erkennen
Dass nichts ewig ist, was wir auf Erden kennen

Ich habe Angst
Angst vor einem bittersüßen Morgen
Angst vor den nimmermüden Sorgen
Angst, dass ich niemals mehr ein Kind geworden
Denn ich fühlte mich einst so sehr geborgen

Ich habe Angst
Angst, ganz ohne Mama weiter hier zu leben
Angst, das alles nicht mehr zu verstehen
Angst, vor all den Ängsten nicht mehr zu bestehen
Ich habe Angst vor einem neuen Weiterleben

Doch der Herr sprach:
Fürchte Dich nicht
Ich bin bei Dir
Und Du bist nicht allein

Ich habe Angst vor einem traurig tristen Weiterleben
Ich habe Angst vor diesem Sterben, dem Gehen und
Vergehen
Ich habe Angst vor der Erinnerung an jenes alte Leben
Ich habe Angst vor einem kalten Niemals-Wiedersehen

Fürchte dich nicht

Wirst du diesen einen Tag noch überleben
Wirst du nach dem Tag wohl von uns gehen
Angst beherrscht die nimmermüde Seele
Und wie immer ich mich ewig traurig quäle
Werde ich wohl bald allein auf dieser Erde stehen

Ich kann dich nicht halten, wenn du gehen musst
Ach, es bleiben nur die Tränen nach dem letzten Schluss
Plötzlich spüre ich, was im Leben wirklich zählt
Und ich weiß, was immer mich auch ziellos quält
Gibt es irgendwann doch einen wundervollen Gruß

Ja, ich weiß, wir werden uns einst wiedersehen
Müssen wir nach diesem einen Tag zu Gott dann gehen
Weiß ich doch, was mich in diesem Leben weiterhält
Weiß ich doch, was mich dann niemals wieder quält
Es ist dies ewig harte, einzigartige
Wunderbare Leben

Phönix

Tief in der Asche ruhest du
Als kranker Phönix,
Alt und dumm
Suchst nach einem Ausweg
Immerzu
Suchst nach der ewigen Toten-Ruh
Liegst doch am Ende nur sinnlos herum

Steigst nicht mehr auf aus jenem Dreck
Krümmst dich vor Schmerzen
Und vor Angst
Liegst tief dort unten,
Kommst nicht weg
Bist festgeklebt an jenem Fleck
Weil du zu oft vor Panik
Bangst

Streck deine Schwingen, die du noch hast
Kämpf dich empor,
Wies Phönix einst tat
Bist für die Welt noch nicht Übel,
Nicht Last
Mensch, denk daran:
Du hast nichts verpasst
Flieg wie ein Phönix,
Der Kräfte noch hat

Blöde Frage

Was ist das Leben
Fragst du dich
Du weißt es nicht
Und schweigst
Und schweigst
Du suchst nach Antwort
Ewiglich
Doch lässt der Himmel dich im Stich
Du schließt die Augen nur
Und schreist

Wenn deine Mutter von dir geht
Dann stehst allein du auf der Welt
Weil dann der Sturm von vorne weht
Weil dich dann keiner mehr versteht
Weil keiner dann zu dir mehr hält

Du gehst weit weg
Ins Niemandsland
Du denkst, der Schmerz hört endlich auf
Doch scheint sie überall, die Wand
Selbst da im fernen Nimmerland
Das Leben schein ein Hürdenlauf

Du suchst nach einem neuen Weg
Weil man wohl weiterleben muss
Denn dort im Nichts,
Wo nichts mehr geht
Scheint jeder Pfad vom Wind verweht
Von nirgendwo trifft dich ein Gruß

Was ist das Leben
Sag mir, was
Du kommst nicht drauf
Und schweigst
Und schweigst
Wohl ist dies Leben irgendwas
Nicht greifbar
Dennoch Freud und Hass
Das Leben ist
Was du nicht weißt

Letzte Minute

Er hielt die Waffe unters Kinn
Es war sein Kopf, der flog gleich weg
Wo blieb des Lebens rechter Sinn
Es war nur Scheiße,
Kein Gewinn
Es war ein Haufen Gülle,
Dreck

Die Arbeit war schon lange fort
Kein Geld, kein Stückchen Leben mehr
Was für ein allerletzter Ort
Ganz ohne Hoffnung,
Ohne Wort
Und alle Tage öd und leer

Noch einmal schaute er sich um
Die alte Bude
Miefig, kalt
Vorhin saß er im Amte rum
Man hielt ihn wohl für ziemlich dumm
Gern ging er wandern tief im Wald

Er fühlte das Metall vom Colt
Es fühlte sich entschlossen an
Dies Leben hat er nie gewollt
Obwohl der Rubel nie gerollt,
War er ein Mensch doch
Und ein
Mann

Gleich ist das alles endlich aus
Gleich drückt er ab
Gleich ists vorbei
Ein Mieter weniger im Haus
Und unterm Schrank piepst eine Maus
Und keiner hört den stummen Schrei

Er drückte ab
Es knallte nicht
Es war die Stunde „Null" für ihn
Durchs Fenster fiel ein Sonnenlicht
Im Spiegel noch sein Angesicht
Vielleicht gabs doch noch einen Sinn

Ab jetzt begann sein Leben neu
Er zog sich an und zog weit fort
Er hatte keine falsche Scheu
Nie wieder dumm und kalt und treu
Die weite Welt
Sein bester Ort

Sturm

Ganz weit am Meer wart' ich oft lang
Ein Sturm schlägt mir in Aug und Hirn
Fühl mich gar wirr und ziemlich krank
Am ewgen Ufer eine Bank
Es schmerzt und fiebert mir die Stirn

Recht dunkel wird's und Regen peitscht
Gerbt tief sich ins Gesicht mir ein
Hat mir die Seel total zerfleischt
Ich höre, wie der Teufel kreischt
Ich möcht so gern im Gestern sein

So einsam war ich wohl noch nie
Und der Orkan zerzaust das Meer
Fall in den Sand
Auf schwache Knie
Ich weiß nicht weiter
Wo und wie
Das letzte Jahr wiegt noch so schwer

Verloren hab ich dich und mich
Da blieb kein Trost
Da bleibt kein Glück
Der Sturm pfeift heute fürchterlich
Selbst Hoffnung lässt mich jetzt im Stich
Verirrte Leere
Stück um Stück

Ich schrei das Meer, den Sturm laut an
„Komm, nimm mich mit! Nimm mich jetzt fort!"
Doch tobt und pfeift es nur sodann
Die Brandung krallt ein Stückchen Land
Der Strand ist heut ein Höllenort

Ich starr ins Nichts
Zum wilden Meer
Warum nur ist dies Leben so
In meinem Kopf bleibts öd und leer
Von nirgends kommt noch Hoffnung her
Und nirgendwo bin ich noch froh

So muss ich ziehen in die Welt
Muss leben mit der Einsamkeit
Ob ich je finde, was noch zählt
Vergessen kann ich nicht, was quält
Zum Licht flieh ich durch Dunkelheit

Nebel

Die Zeiten sind so schnell vergangen
Sie jagen einfach so davon
So viele sind von uns gegangen
Und Ängste um manch´ Ecke bangen
Und hoch vom Himmel tönt nur Hohn

Im Nebel bleiche Angesichter
Die Städte liegen einsam, leer
Auf jedem Friedhof Kerzenlichter
Längst sind sie tot, die guten Dichter
Im Hirn ists öde, traurig, schwer

Die Jungen rennen noch und schreien
Die wissen nichts von Einsamkeit
Die wollen nicht zuhause bleiben
Die können noch nicht frieren, leiden
Die Jugend kennt noch keine Zeit

Doch ziehen Nebel träg, behände
Durch dunkle Straßen jeder Stadt
Sie lähmen jeden, alle Hände
Verbreiten sich bald im Gelände
Dort, wo es niemals Hoffnung hat

Sie packen dich in Herz und Seele
Sie töten uns, bevor man lebt
Sie trocknen aus so manche Kehle
Sie trauern nicht, weil ich mich quäle
Weil tief in uns das Alte klebt

Gar stärker schon manch´ Nebelschwaden
Längst wabern sie ums Heimateck
Sie haben sich nicht eingeladen
Weil sie nie was zu geben haben
Sie legen sich auf jeden Dreck

Sie bringen trügerische Irre
Still legen sie sich auf die Zeit
Sie bringen Kälte, Abschied, Dürre
Sie machen alles Leben kirre
Sie schweigen stets in Dunkelheit

Trotz Nebel steht die Zeit nicht stille
Manch´ ein Gesicht bleibt ewiglich
Da ist noch Hoffnung
Ist noch Wille
Nein, niemals bleibt die Nebelstille
Ist all dies Leben trügerisch
?

Heimkehr
(ein Wort nur)

Er sagte nur:
Komm, es ist gut
Und ich war da
An jenem Ort
Er sagte es
Das machte Mut
Ich fühlte nichts
Nur kaltes Blut
Und hatte kaum ein kluges
Wort

Ich schimpfte bald
Auf ihn
Auf mich
Und war so weit
Ganz weit vom Glück
Es trieb mich fort
Ganz sicherlich
In jene Welt
Die fürchterlich
Vom Leben
Ach
Wollt ich ein Stück

Ich kam zurück
Mit Narben
Ja
Und ging zu ihm
Mit schwerem Blut
Er war nicht fort
Er war noch da
Er sprach erst nichts
Als er mich sah
Und dann sprach er
Komm, es ist gut

Letzter Sommer

Am See unter den Weiden
Da wollt ich so gern bleiben
Der Wald rauscht in der Nähe
Was immer ich auch sehe
Ist dieser schöne Sommer
Ist dieser letzte Sommer

Da klingts nach Abschied leise
In mir erklingt die Weise
Von alten Zeiten,
Tagen
Von Freuden und von Klagen
Es ist ein warmer Sommer
Es ist der letzte Sommer

Es ziehen Regenwolken
Und wo einst Tränen rollten
Ist nur ein sanftes Schweigen
Ich wollt so gern noch bleiben
Doch endet bald der Sommer
Es ist der letzte Sommer

Lass und noch einmal träumen
Von Mandel-Apfelbäumen
Lass uns den Wind noch spüren
Nein, nichts werd ich verlieren
Es ist ein guter Sommer
Es ist der letzte Sommer

Dort bei den alten Weiden
Da enden jene Zeiten
Hier bleiben wir zusammen
Wo Heimatlieder klangen
Es waren viele Sommer
Es war der beste Sommer

Verändert

Ich kannte eine ferne Welt
Die war sehr reich,
Sehr schnell,
Sehr froh
Da suchte man den Sinn,
Der zählt
Da gabs manch' Party sowieso

Da feierte man ganz ohne Zwang
Und in den Städten war Betrieb
Auf grünen Wiesen:
Frau und Mann
Die hatten sich tagtäglich lieb

Betriebe, Schulen, Kinderhort
Das pure Leben,
Laut und grell
Die Welt war ein bewegter Ort
Die Wirtschaft wuchs
Zum Himmel schnell

Doch eines Tags von Osten her
Kroch bös ein Virus in die Welt
Ganz plötzlich gabs kein Leben mehr
Und nichts blieb so,
Wie's einst gezählt

So viele starben vor der Zeit
Und Angst beherrschte jede Stadt
Durch alle Welt kroch Not und Leid
Und keiner wusste, ob er's hat

Der Handel stoppte,
Es ward still
Das Leben starb,
Die Großstadt schwieg
Zuhause bleiben – so das Ziel
Und manch' Betrieb geschlossen blieb

Kein Kino, kein Theater mehr
Beim Fußball – nur manch' Geisterspiel
Bars, Restaurants – verlassen, leer
Man fragte nach dem Sinn,
Dem Ziel

Es hieß:
Zwei Meter Abstand jetzt
Mit Mundschutz nur zum Einkauf gehn
Im Altenheim so sehr verletzt
Du darfst die Großeltern nicht sehn

Mit Ausgangssperren lebt sich's schlecht
Bei einem Feind, den man nicht sieht
Man rief nach Freiheit laut,
Nach Recht
Wo geht's nur hin,
Wenn nichts geschieht

Da wuchs ein neues Lebens-Licht
Die andere Art
Gemeinschaftssinn
Man half untereinander sich
Milliarden für den Neubeginn

In Krankenhäusern bliebs doch schwer
Und Schwestern, Ärzte kämpften hart
Wo kam nur all dies Sterben her
Weil man dagegen noch nichts hat

Da ließ der Staat mich nicht allein
Und die Versorgung klappte gut
Den Menschen fiel so vieles ein
Mit Liebe, Kraft und so viel
Mut

Im Internet sang man sich frei
Man sang auf Straßen,
Vor manch´ Haus
Das Leben war nicht einerlei
Es sah nicht trüb und sinnlos aus

Die Wissenschaftler forschen wild
Damit das Sterben endet:
Jetzt
Und von Entschlossenheit erfüllt
Des Menschen Wille
Unverletzt

Ich kannte eine ferne Welt
Die schien zu reich,
Zu schnell,
Zu krank
Heut weiß ich,
Was da wirklich zählt
Es ist das Menschsein,
Und mein Land

Dunkelheit

Alles ist dunkel
Es geht nicht mehr weiter
Gegen den Tod bleibt mir nicht mehr sehr viel
Ich komm nicht mehr vorwärts
Ich werd nicht gescheiter
Vorbei scheint mein Leben
Vorbei auch mein Ziel

Die Menschen da draußen,
Die leben und lachen
Sie haben geschafft, was mir selbst nicht vergönnt
Der Gott in den Wolken
Wollt mich nicht bewachen
Er hat mich vergessen
Er wollt nichts mehr machen
Wohl hat er die Bösen und Schlechten verwöhnt

Nie hätt ich gedacht, dass mein Leben so endet
Zerstört meine Träume,
Die Hoffnung vergeht
Die Jahre sind fort, im Nirvana verschwendet
So bleib ich zurück nun,
Im Unglück verendet
Frustriert und vereinsamt,
Vom Winde verweht

Die Herde

Und die Herde, die zieht weiter
Starker Sturm verweht die Spur
Dieser Winter ist nicht heiter
Und die Herde zieht schon weiter
Schreie halln durch Wald und Flur

Manches Kälbchen friert, ist müde
Bleibt vielleicht schon bald zurück
Es ist kalt und es ist trübe
Doch die Herde wird nicht müde
Kämpft voran sich Stück um Stück

Wölfe harren da am Rande
Haben Hunger immerfort
Doch der Herde wird's nicht bange
Sieht die Wölfe da am Rande
Und zieht immer weiter fort

Doch der Sturm wird immer stärker
Schon bleibt manches Kalb zurück
Auch die Wölfe machen Ärger
Und der Schneesturm wird noch stärker
Bis zum See ists noch ein Stück

Nein, die Wölfe wolln nicht jagen
Nehmen schwache Kälbchen sich
Es ist hart in diesen Tagen
Sehr viel Kraft fehlt da zum Jagen
Winterzeit ist fürchterlich

Doch die Herde zieht schon weiter
Nichts hält sie an einem Ort
Ausgemergelt ihre Leiber
Und die Tiere ziehen weiter
Und sind längst schon wieder fort

Durch den Sturm und durch die Lande
Führt ihr Weg von See zu See
Mancher Wolf wacht da am Rande
Tod, Verderben auch im Sande
Und manch Spur verwischt im Schnee

Obdachlos

Die Sonne strahlt und wärmt die Stadt
Dort ist es, wo man alles hat
Doch hinterm Park, im Brückenschacht
Ist meistens Armut
Meistens Nacht

Er zieht seit vielen Jahren um
Er war mal was
Er ist nicht dumm
Der Alkohol wärmt Sorgen fort
Und Ängste auch
Und manches Wort

Im Wohnungsamt lehnt man ihn ab
Ein Säufer, der so gar nichts hat
Man will ihn nicht
Man schickt ihn fort
Und wieder zieht er durch den Ort

Die Straße ward zur Heimat ihm
Sein Leben aber: ohne Sinn
Einst wollt' er mal so hoch hinaus
Am Ende blieb das Hinterhaus

Seit Tagen streikt die Leber sehr
Die Freundin weint
Es ist so schwer
Er bricht zusammen irgendwo
Er kann nicht mehr
Das ist wohl so

Von seinen Träumen blieb nicht viel
Kein Platz zum Leben
Und kein Ziel
Im Winter fror er sich bald tot
Es wärmte ihn nur Schnaps
Sein Brot

Gestorben ist er irgendwann
Im Krankenhaus
Als armer Mann
Er hat gehofft, geweint, gelacht
In seinem Heim
Im Brückenschacht

Die Beisetzung war still und trüb
Nur eine blieb
Sie hat ihn lieb
Sie weinte lang am kleinen Grab
Das einsam traurig vor ihr lag

Die Sonne scheint auf diese Stadt
Scheint warm und ruhig auf sein Grab
So einsam ist's am Brückenschacht
Der Wind ist kalt
In jeder Nacht

Weihnachtsgeschichte

Ein Weihnachtsabend gegen Drei
Das junge Paar sitzt unterm Baum
Ein kleines Kind ist auch dabei
Es ist an Weihnacht gegen Drei
Was für ein schöner Weihnachtstraum

Gleich gibt's Geschenke reichlich, satt
Das Kind, gespannt, ist voll von Glück
Der Weihnachtsmann kommt in die Stadt
Und bringt Geschenke, reichlich, satt
Und Papa kennt den Weihnachtstrick

Er geht hinaus und lächelt leis
Und sagt noch schnell: *„Gleich ist´s soweit"*
Die Spannung steigt, dem Kind wird´s heiß
Der Papa lächelt nur ganz leis
Und so vergeht die Stund, die Zeit

Die Mutter nimmt das Kind zu sich
Und streichelt sacht ihm übers Haar
„Wo bleibt der Papa", fragt sie sich
Und nimmt das Kind ganz sacht zu sich
Der Weihnachtsmann ist noch nicht da

Der Abend geht, längst schläft das Kind
Es hat nach Papa kurz gefragt
Vorm Hause streicht ein eisig´ Wind
Die Mutter bracht ins Bett das Kind
Und hofft am Fenster voller Klag´

Wo bleibt der Papa, wo der Mann
Warum in dieser Weihnachtsnacht
Lang schaut im Spiegel sie sich an
Wo bleibt nur unser Weihnachtsmann
Hat der sich aus dem Staub gemacht

Am nächsten Morgen klingelts früh
Zwei Polizisten stehn vorm Haus
Sie stelln sich vor und fragen sie
Für manche Nachricht ist's zu früh
So sieht kein Weihnachtsmorgen aus

Man fand den Wagen irgendwo,
Zerschellt an einer Häuserwand
Da war das Glatteis, einfach so,
In einer Straße, irgendwo
Den Toten man erst morgens fand

Die Polizisten gehen schnell
Nach Haus, wo Weihnachtsmusik singt
An jenem Morgen wird's nicht hell
Und mancher Tod kommt eben schnell
Manch' Papa nie Geschenke bringt

Das Kind erwacht so gegen Zehn
Und fragt nach seinem Papa bald
Die Mutter bleibt im Zimmer stehn
Es ist an Weihnacht, früh um Zehn
Und in der Wohnung ist's so kalt

Sie nimmt das Kind in ihren Arm
Und drückt es fest ans Mutterherz
„Wolln wir zum Weihnachtsmann jetzt fahrn"
Sie hält das Kind ganz fest im Arm
Und schluckt hinunter ihren Schmerz

Und alle Fragen bleiben fort
Es gibt auch keine Fragen mehr
Wo gestern noch ein schöner Ort,
Bleibt aller Weihnachtszauber fort
Der Weihnachtsmann kommt nimmer mehr

Sie steigt ins Auto mit dem Kind
„Komm lass nach Papa uns jetzt schaun"
Es weht nur eisig kalt ein Wind
Sie fährt davon mit ihrem Kind
Auch draußen steht manch´ Weihnachtsbaum

Man sieht sie rasen übers Land
Es fällt der Schnee so weiß und dicht
Sie nimmt das Kind fest an die Hand
Es ist doch Weihnachten im Land
Die nächste Kurve sieht sie nicht

Dann ward es still
Kein Schnee, kein Wind
Nur einsam steht ein Weihnachtsbaum
Sie stieg ins Auto mit dem Kind
Und wollt zum Weihnachtsmann geschwind
Nur einmal noch den Weihnachtstraum

Und irgendwo zur Weihnachtszeit,
Da wartet manches Kind verzückt
Auf Papa mit dem Weihnachtskleid
Am Himmel hoch zur Weihnachtszeit
Da sind drei Sterne voll von Glück

Tod

Die Zeit zerrinnt
Mich zieht es nun nach Norden
Verschwommener Mond
Die Wolke stirbt am Berg
Vom Wind verweht
Der hört nicht auf zu morden
Ein dunkler Stern
Ich bleib ein arger Zwerg

Vergangenes Glück
Zu warm ists nie geworden
Da starb so viel
Ein Nachen sank im Fluss
Einsam verrückt
Zum X-ten Mal gestorben
Hier ists zu kalt
Und Gott zeigt keinen Gruß

Es ist vorbei
Mein Herz hört auf zu schlagen
Dem Tode nah
Und nimmer mehr befreit
Oh Herr, verzeih!
Verflucht an vielen Tagen
Weil ich nie sah-
Mein großer Traum – zu weit

Geh heimwärts jetzt
Ein Stern wird mich begleiten
Im fernen All
Irrt manche Seel umher
Zu schlimm verletzt
Ich will mich da nicht streiten
Es bleibt ein Hall
So endlos still und leer

Du fremdes Ich
Zuviel hast Du gefordert
Im Spiegelbild
Ein abgestürzter Star
Jenseits vom Licht
Da ist kein Glück geordert
Zu dumm, zu wild
Am Ende nur ein Narr

Todesnachricht

Still steht die Zeit
Die Zeit steht still
Bei dem, was man nicht hören will
Die Sonne scheint und scheint doch nicht
Ein Blitz zuckt scharf in das Gesicht

Die Todesnachricht trifft so schwer
Wo kommt nur all die Trauer her
Warum geht's plötzlich her und hin
Wo ist die Hoffnung
Wo der Sinn

Dann sitzt man da, und weint noch nicht
Man starrt ins dunkle Deckenlicht
Kein Wort fällt mehr
Es knackt nur leis
Man weiß nicht mehr, was man doch weiß

Die Lähmung löst sich nimmermehr
Die Zimmer sind so leer, so leer
Man sucht nach irgendwas im Raum
Man weiß nichts mehr
Man glaubt es kaum

Soll man sich jetzt erinnern, ja
Soll man dran denken, was geschah
Wo ist's passiert Warum so schnell
Im Kopf ist's dunkel, nicht mehr hell

Nein, eine Antwort gibt es nicht
Man starrt ins dunkle Deckenlicht
Es rinnen Tränen irgendwann
Man schaut im Spiegel sich lang an

Verdammt, das geht nicht wieder weg
Bleibt ganz tief drin
Ein schwarzer Fleck
Das Leben geht nun andersrum
Es fragte nicht
Bleibt hart und stumm

Da hat man so viel schon geplant
Hat viel gekämpft
Hat abgesahnt
So sollt es immer weiter gehn
Jedoch ganz plötzlich blieb es stehn

Still steht die Zeit
Die Zeit steht still
Still steht das Herz, und das Gefühl
Wird es wohl weitergehen mal
Man weiß es nicht
Man spürt nur Qual

Am Grab

Der Regen rieselt durch die Äste
Wart auf dem Friedhof ganz allein
Gedanken um des Lebens Reste
Stelln kühl in meinem Kopf sich ein

Hier ist's so ruhig
Endlose Stille
Nur Regen fällt auf manches Grab
So endgültig
Ein letzter Wille
Hier, wo man nichts zu sagen wagt

Da giert und jagt man durch die Zeiten
Da jammert man und will noch mehr
Man spürt nicht, wie die Jahr' enteilen
Wie alt man wird und schwach und leer

Die Jugend ist nicht festzuhalten
Der Reichtum nicht und nicht das Gut
Nichts ist auf Ewig aufzuhalten,
Weil irgendwann erstarrt das Blut

So will ich Einhalt mir gebieten
Denn viel zu schnell komm ich hierher
Sollt wieder neu mein Leben lieben
Sollt Lieder singen
Und noch mehr

> Der Regen rieselt durchs Geäste
> Und dunkel wird's im Friedhofshain
> Was tu ich mit des Lebens Reste
> Schlag hoch den Kragen und geh heim

Selbstmordversuch
(Kopf in der Schlinge)

Leg den Kopf in eine Schlinge
Spür den Strick um deinem Hals
Hör des Teufels schrille Stimme
Dass sie dir im Ohre klinge
Bis es brennt wie zu viel Salz

Achte auf die stete Ruhe
In der Kammer, wo du bist
Zieh jetzt aus die warmen Schuhe
Steig auf jene alte Truhe
Bis du über allem schwebst

Schau dich um an jenem Orte
Denk nochmal ans letzte Jahr
Spar dir Hoffnung, Beten, Worte
Du bist von der harten Sorte
Weil dein Leben stets so war

Sing ein Liedchen, nur ein kleines
Freu dich drauf:
Gleich ists vorbei
Scheiß aufs Leben
S' war kein feines
Und es war wohl auch kein reines
Alles ist jetzt einerlei

Spann die Muskeln in den Beinen
Gleich springst du ins Nirgendwo
Brauchst jetzt auch nicht mehr zu weinen
Dir wird nur der Tod erscheinen
Du wirst sterben
Leicht und froh

Du setzt an zum letzten Sprunge
Schließt die Augen
Holst tief Luft
Frische Luft strömt in die Lunge
Und am Gaumen klebt die Zunge
Weil der Satan nach dir ruft

Um den Hals spannt sich das Seile
Ach, dir stockt der Atem schon
Spring jetzt, spring
Jetzt dräng zur Eile
Doch du zögerst eine Weile
Jener Selbstmord ward zum Hohn

Da piepst überm Kammerfenster
Leis ein Vögelchen gar schön
Ängstlich glaubst du an Gespenster
Dieser Tag, dein allerletzter
Will dir nicht so recht vergehn

Und du starrst zum Fenster rüber
Und du glaubst nicht, was du siehst
Deine Mama, da, singt Lieder
Und sie lächelt immer wieder
Auch wenn Tränen sie vergießt

Leise ruft sie:
Bleib am Leben
Du hast doch noch so viel vor
Kannst der Welt noch Liebe geben
Schau, da draußen, dieses Leben
Schärf die Augen
Schärf dein Ohr

Dann entschwindet sie im Nebel
Du wirfst deine Schlinge ab
Du entfaltest neu die Segel
Öffnest schnell den Fensterhebel
Nein, du brauchst kein Tod
Kein Grab

Ja, du musst was Neues schaffen
Lag das Alte endlich ab
Lass die Leute reden, gaffen
Die sind neidisch, diese Affen
Du bist da
Und du bist satt

Endlich fängst du an zu fliegen
Gehst in eine große Stadt
Du beginnst zu leben,
Lieben
Bist den Träumen treu geblieben
Baust dir einen neuen Tag

Autist

Er war noch jung, ein Junge noch
Und doch so fremd von dieser Welt
Er schien recht glücklich, immer noch
Und lebte nicht im dunklen Loch
Und war so sanft
Verstand, was zählt

Oft sagte man: *„Der ist verrückt*
Der tickt nicht richtig irgendwo"
Manchmal schien er der Welt entrückt
Man sagte: „Ach, der ist verrückt
Der merkt doch nichts, wird niemals froh"

Doch seine Mutter liebte ihn
Auch, wenn er anders war und schwieg
Für sie war er der Lebenssinn
Vielleicht sogar der Hauptgewinn
Er hatte alle Menschen lieb

Denn wenn er lachte, fröhlich war,
Dann schien die Welt, das Glück perfekt
Dann schien fast alles sonnenklar
Und nichts blieb mehr so wie's sonst war
Er war doch klug und aufgeweckt

Jedoch verging die Zeit, die Zeit
Er hat gespürt, man wollt ihn nicht
Er wusste um der Mutter Leid
Da lief er fort, so weit, so weit
Ein sanftes Lächeln im Gesicht

Der Mutter hat er nichts gesagt
Er lief und lief bis an das Meer
Nie hatte er geflucht, geklagt
Und auch der Mutter nichts gesagt
Das Meeresrauschen, ach so schwer

Noch einmal schaute er sich um
Da war niemand am kahlen Strand
Er war ein Junge noch, so jung
Vielleicht verrückt, doch niemals dumm,
Als er vor Gott so einsam stand

Ganz plötzlich rief jemand nach ihm
Dort draußen auf dem weiten Meer
Wer war das nur
Wo lag der Sinn
Er lief ins Wasser einfach hin
Man sah ihn später nimmermehr

„Komm heim, komm heim, du liebes Kind.
Bei mir hier bist Du nie allein.
Dort, wo die Kinder Engel sind,
Wach ich bei Dir, mein liebes Kind.
Komm lass und jetzt zusammen sein"

Die Welt dort draußen war zu kalt
Er wollte nicht mehr draußen sein
Die Tür, die offen einen Spalt,
War plötzlich einfach zugeknallt
In seiner Welt blieb er allein

Er war so jung, ein Junge noch
Nur seine Spur blieb da im Sand
Und leise summt am Strand der Wind
Die Mutter weinte um ihr Kind,
Denn es ergriff wohl Gottes Hand

Annäherung

Man sagt, er brachte Menschen um
Ein Serienkiller, ziemlich fies
Man sagt, er sei sehr roh und dumm
Ich weiß, er brachte Kinder um
Sein ganzes Wesen: total mies

Ein Mann, so um die zwanzig Jahr
Nicht hässlich,
Dünn,
Kein Supermann
Den Leuten ist wohl alles klar
Mir scheint so vieles sonderbar
Was dachte er so dann und wann

Zwei Jungen hat er umgebracht
Er hats gestanden
Sitzt jetzt ein
Er wird jetzt ziemlich schwer bewacht
Weil er sie eiskalt umgebracht
Im Knast will niemand "Mörder" sein

Ich melde mich beim Staatsanwalt
Denn ich will sprechen mal mit ihm
Er hat gemordet tief im Wald
An einem Tag, der bitterkalt
Sein Leben macht wohl kaum noch Sinn

Drei Tage später dann im Knast
Sitzt er mir gegenüber schon
Ich schau ihn an
Er scheint so blass
Das Fenster wischt ein Regen nass
Er ist so jung
Wie manch′ ein Sohn

Sein Blick ist trüb
Er weicht mir aus
Will er nicht sprechen über
„Das"
Da ist kein Teufel
Auch kein Graus
Doch ist er keine zahme Maus
Ich frage ihn: *„Wieso, wie, was"*

Durchs Fenstergitter flieht sein Blick
Kaum eine Regung spür ich, nichts
Vielleicht ist es auch nur ein Trick
Vielleicht ist ängstlich er ein Stück
In diesem Knast
Jenseits des Lichts

Zwei Wärter stehen vor der Tür
Die sind recht mächtig, stark und groß
Der Junge auf dem Stuhl vor mir
Scheint bleich und schwach
Kein wildes Tier
Die Hände zittern ihm im Schoß

Dann spricht er leis, so zaghaft, schwer
-Er hörte Stimmen laut in sich-
Ganz tief in ihm wards da so leer
Er sagt, er tut so was nie mehr
Doch tröstet das nicht ihn
Nicht mich

Ich denk, als er so mit mir spricht
An seine Opfer, die jetzt tot
Sie hatten Mütter sicherlich
Die leiden jetzt so fürchterlich
Er brachte so viel Leid
Und Not

Wie hält man´s aus, frag ich mich nur
Wie kann man das ertragen, wie
Er sagt es nicht
Ist er zu stur
Ist da von Reue keine Spur
Schläft man des nachts als Mörder nie

Doch alles, was er sagt und meint
Verwischt, verschwimmt im Zimmer hier
Als er dann vor mir kniet und weint
Als er kein Mörder und kein Feind
Ist selbst er Opfer
Ohne Zier

Die Zeit verrinnt, ist bald vorbei
Man führt ihn fort
Man faucht ihn an
Noch einmal schaut er
Einerlei
Die Uhr zeigt nachmittags um Zwei
Er ist ein Junge doch
Kein Mann

Allein bleib ich im Raum zurück
Steh langsam auf und schau und schweig
An diesem Ort
So fern vom Glück
Begreif ich nichts
Kein einzig´ Stück
Beinah tut er mir sogar leid

Wie seine Opfer – tot, vorbei
So starb er selbst – fort, wegradiert
Sein Leben sinnlos, aus, ein Schrei
Nie wieder Menschsein
Nie mehr frei
Nur noch ein Wesen, das erfriert

Die Leute rufen:
„Tod dem Schwein"
„Wozu noch Knast für solchen Dreck"
Ich fühl mich ratlos
Muss das sein
Doch wer vergibt
Macht man sich klein
Erfüllt die Todesstraf´ den Zweck

Viel später schreib ich den Bericht
Und weiß nicht, wie ich´s schreiben kann
Der Regen wäscht das Fensterlicht
Als man im Radio plötzlich spricht:
Er hat erhängt sich
Irgendwann

Ende

Alles bricht total zusammen
Machtlos glotz ich in ein Loch
Alles steht total in Flammen
Und ich hoffe immer noch

Nein, mein Glaube ist zerbrochen
Geht's bergab, ist keiner da
Und der Teufel kommt gekrochen
Alles schwarz eh ich's versah

Hilflos starr ich in die Tiefe
Und ich fall und fall und fall
Manchmal ists, als ob wer riefe
Doch wars nur ein Donnerknall

Hatte so viel tolle Träume
Allesamt sind sie zerplatzt
Dachte nie, das ich's versäume
Weiß nur eins:
Ich hab's verpatzt

Hilfe gab es wahrlich keine
Ganz allein,
So schafft man's nicht
Menschen sind schon üble Schweine
Ohne Anstand und
Gesicht

Das was bleibt, ist trüber Nebel
Der deckt die Ruinen zu
Tief im Mund ein dicker Knebel
Viel zu groß sind mir die Schuh

Dieses Leben ist zu Ende
Nirgendwo ein Hoffnungsschweif
Ach, es zittern mir die Hände
Auf der Seele:
Abendreif

Hab mich dutzend Mal erfunden
Alles fiel zusammen bald
Klarer ward es Stund um Stunden:
Bin vereinsamt
Tief im Wald

Stilles Ende

Schikaniert vom Arbeitsamt
Sitzt die Mutter weinend da
Ach, ihr Mann ist weggerannt
Und es zittert ihr die Hand
Auch zwei Kinder sind noch da

Stark gekürzt ward ihr das Geld
Nur die Miete zahln sie noch
Was für eine kalte Welt
Wo der Mensch nicht mehr viel zählt
Wo vom Leben bleibt ein Loch

Zynisch die Vermittlerin
Arbeit jedoch hat sie nicht
Stempeln macht doch keinen Sinn
Grinsend die Vermittlerin
Mit dem glatten Angesicht

Die Regierung feiert sich
Angeblich gibt's Arbeit satt
Schwätzen vornehm,
Vorbildlich
Haben Geld und Job und Licht
Feiern jeden guten Tag

Schweigend sitzt die Mutter da
Denkt an ihre Kinder nur
Plötzlich wird ihr sonnenklar
Dass ihr niemand hilft fürwahr
Traurig schaut sie auf die Uhr

Als sie geht, schließt sie die Tür
Nimmt die Kinder an die Hand
Es ist nachmittags um Vier
Doch nach Hause geht's nicht mehr
Mit dem Bus ins Nimmerland

Und sie fahren bis zum Fluss
Der sich schlängelt unterm Steg
Ja, sie weiß:
Ab hier ist Schluss
Starrt in diesen wilden Fluss
Weils wohl nicht mehr weitergeht

Fort der Bus,
Es ist sehr still
Nur die Kinder fragen leis
Nein, sie weiß nicht, was sie will
Nirgendwo ein echtes Ziel
Nur die Welt,
Die kalt wie Eis

Nimmt die Kinder in den Arm
Springt mit ihnen in den Fluss
Drüber fliegt ein Vogelschwarm
Dort, wo einst noch Wünsche warn,
Ward ein Grab,
Ein stiller Schluss

Dann zeugt gar nichts mehr von ihr
Fort ein Mensch,
Zwei Kinder tot
Fünf Minuten ist's
Nach Vier
Eine Hoffnung gibt's nicht mehr
Und der Fluss verschweigt die Not

Wo blieb Gott an jenem Tage
Wo ein Mensch, der helfen sollt
Übrig bleibt so manche Frage
Übrig auch manch' schmerzend' Klage
Nur ein ferner Donner grollt

Zerrissen

Zerrissen schreist du nach der Wahrheit
Du kennst sie längst
Doch sie ist hart
Gar nirgendwo die stete Klarheit
Riskierst den Tod
In voller Fahrt

Schon zweigeteilt
Tappst du im Nebel
Du stehst am Grab der Eltern
Tot
Du suchst die Stille in den Wäldern
Du fürchtest dich vorm Morgenrot

Du wolltest doch nur leben
Leben
Jetzt spürst vom Tag du gar nichts mehr
Zerrissen, taub und blind und
Eben
Sind deine Sinne öd und leer

„Riskier den Tod"
Hat man gefaselt
Jetzt ist dir klar:
Du bist nah dran
Dein Leben scheint total vermasselt
Du bist nicht Kind
Nicht Held
Nicht Mann

Zerrissen, taub und ohne Liebe
Erreicht hast du schon längst nichts mehr
Dein Dasein schlägt dir Seitenhiebe
Und aller Traum scheint dumm und quer

Schreib dich nicht ab
Noch kannst du leben
Solang du denkst
Bist du auch da
Der Tod wird dir jetzt gar nichts geben
Weils nie mehr wird
Wies einstmals war

Riskier den Tod
Riskier das Leben
Riskier dich selbst und mach dich stark
Riskier die nicht geweinten Tränen
Riskier den alten
Neuen Tag